Ahmad Herrar

Vivement dimanche

Ahmad Herrar

Vivement dimanche

Enfin l'école choisie !

Éditions Muse

Imprint
Any brand names and product names mentioned in this book are subject to trademark, brand or patent protection and are trademarks or registered trademarks of their respective holders. The use of brand names, product names, common names, trade names, product descriptions etc. even without a particular marking in this work is in no way to be construed to mean that such names may be regarded as unrestricted in respect of trademark and brand protection legislation and could thus be used by anyone.

Cover image: www.ingimage.com

Publisher:
Éditions Muse
is a trademark of
Dodo Books Indian Ocean Ltd. and OmniScriptum S.R.L publishing group

120 High Road, East Finchley, London, N2 9ED, United Kingdom
Str. Armeneasca 28/1, office 1, Chisinau MD-2012, Republic of Moldova, Europe
Printed at: see last page
ISBN: 978-620-4-96273-3

Vivement dimanche

Enfin l'école choisie

Mon enfant n'arrive pas à fermer les yeux. Tellement excité et a hâte de voir se lever le jour pour se réveiller lui qui n'est pas encore endormi.

Le voyage en famille

C'est dimanche, pas de sonnette et pas de cartable!

Place aux valises et aux hôtels, aux auberges ou mortels, aux campings ou aux caravanes.

C'est les vacances et tant mieux. Tout le monde prend des vacances quand il le souhaite. Erreur! Tout le monde prend congé quand il le peut.

C'est juste un week-end, autant en profiter.Qu'importe où l'on va pourvu que l'on sorte.Les parents ont eu cette fois l'intelligence de penser à nous, mon frère et moi. Oui, c'est toujours vers le Nord que va leur préférence. Ce week-end, nous irons dans le sens contraire. C'est vers le Sud que notre maman nous emmènera. Là-bas, C'est le berceau de mon enfance. Là où mes parents, encore jeunes mariés , m'ont vu naître et grandir jusqu'à l'âge de huit ans avant qu'ils décident de s' établir ici dans cette jungle moderne qu'est la capitale.

A chacun son histoire, c'est sûr que les parents ont la leur et eux seuls savent pourquoi ils y vont..Mon petit frère, lui,il est là en famille et c'est ce qui compte pour lui. Oh oui bien sûr, nous avons préparé, comme des grands, une palette d'activités pour le petit séjour: À chacun son pack!

La famille, c'est la meilleure institution pour s' épanouir, mieux se connaître, mieux connaître et mieux faire.En famille, on ne compte pas..C'est plus que quand on aime. Quant on aime, on ne compte pas mais on ne met pas tous ses œufs dans le même panier. La confiance n'est pas totale sauf quand notre amoureux nous éblouit. L'amour inconditionnel est conjugué au singulier.L'addition peut parfois être salée. En famille, les parents font les comptes mais ne comptent pas. En tout cas, ils ne facturent pas!

Chacun y trouvera son compte. Les vacances, c'est fait pour ça!

Moi, j'irais là-haut sous les bois. J'irais retrouver mes ami (e)s d'enfance. Ils y seront, c'est sûr. Et on jouera à tout et à rien. Je ne perdrais plus jamais et j'éviterais de faire les mêmes conneries. Je ne trébucherais plus sur les racines de ce grand arbre ni sauterais dans ce grand vide masqué par les branches de ce rosier. Je grimperais et m'agripperais à ces lianes pendues pour aller d'un arbre à un autre sans toucher le sol à la manière de tarzan et de Cheeta.

J'irais remonter cette rivière vers les trois sources cachées et boirais bien de mes mains direct.

Je cueillerais ces grappes de raisin, de cerises, ces poires et ces pommes pendues à ces arbres au milieu de forêts qu'une main bien avenante avait plantés jadis.

Je ferais tout ce que Je faisais car je sais le faire. Je l'ai fait par curiosité ,passion et amour de l'enfant. J'ai appris à le faire en copiant sur mes ami (e)s, mais aussi mes premiers professeurs e l'école réelle : mes parents, mami et papi.

Là-bas au sud, il n'y aura pas de bancs d'école. Nous y irons pour le week-end . Mais, il y aura toujours école. L'école, c'est l'espace d'apprentissage. La nature est le meilleur espace d'apprentissage. Nous avons appris à jamais plus, et dans les détails, ce que nous avons fait et rarement ce que nous avons vu ou entendu.

Nous pouvons , par réflexe,non seulement restituer mais produire les attitudes, les gestes qui sont au stade de la compétence inconsciente. Le stade de la compétence inconsciente est le summum de tout processus d'apprentissage.

Rappelons que tout processus d'apprentissage passe par quatre phases:

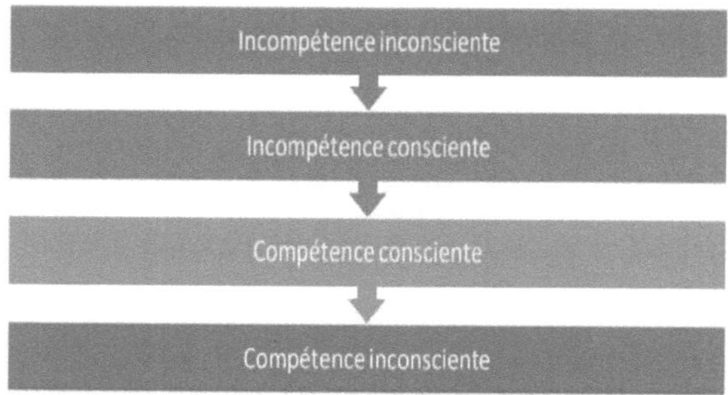

Rappelons que :

La phase 1 correspond à un état où l'individu n'est pas conscient de son incompétence à l'égard d'un acte, une action que celles et ceux qui la maîtrisent tendent tellement basique qu'il se croît en mesure de reproduire avec la même habileté. C'est le cas par exemple de votre enfant qui vous regarde piloter une voiture avec une aisance élevée à tel point que cela lui semble banale de le faire.

La phase 2: A ce stade, l'individu devient conscient de son incapacité à faire . Il se rend compte du besoin d'apprendre pour faire (agir...).Il s' intéresse et questionne. Il devient alors acteur du processus d'apprentissage. Le besoin de se documenter, de puiser dans les ressources devient exprimé et non latent .

Phase 3: L'individu acquiert la compétence nécessaire à l'exercice de l'activité ou tâche mais n'y est pas encore expert. Ici, la maîtrise n'est pas totale et il agit prudemment , avec une concentration maximale. Chaque geste, chaque attitude et chaque comportement est calcule (e) et réfléchi (e) pour éviter la "casse". La compétence est acquise mais sa pratique est consciente.

Phase 4 : le réflexe est acquis et l'individu opère de manière quasi naturelle. Il est difficile pour l'observateur de repérer chez l'individu un besoin d'effort et de commodités pour agir. La compétence est dite inconsciente quand l'individu atteint le degré de maîtrise totale et devient expert en la matière.

L'apprentissage est ainsi la charnière qui permet de transiter de l'incompétence inconsciente à la compétence inconsciente. Cette transition ne peut aboutir que par l'exercice. L'exercice, c'est cette activité qui distingue l'abstrait du concret , la pensée de l'action.

L'exercice, c'est ce tremplin vers la compétence d'abord consciente (voir ci-dessus) ,puis inconsciente lorsque la maîtrise est acquise et l'on opère par réflexe.

Mon voyage en famille vers le Sud, comme d'ailleurs tous nos voyages, est une école . Une école telle que nous la souhaitons tous. L'école qui vous donne envie d'apprendre de la plus évidente des manières, de la plus simple et la plus naturelle des pédagogies. La pédagogie du" laisser faire, laisser savoir". La pédagogie du "Si lui il y arrive, moi aussi je peux y arriver".La pédagogie du" Laisse moi essayer à mon tour".

Cette pédagogie, C'est la transmission, l'observation et l'action qui en sont les piliers. Cette pédagogie, c'est celle de l'école par excellence et non de l'école de l'excellence qui l'inculque. Cette école, c'est l'école réelle :la vie.

Cette école, elle est par tout, ouverte à tous et à vie. On ne finit d'apprendre, nous dit-on. Je n'en connais un qui n'ait rien appris que du cursus scolaire et universitaire. Je n'en connais un qui soit éternel étudiant inscrit à vie. Nous sommes les éternels étudiants de l'école de la vie.Même grands nous continuons à apprendre au jour le jour. La vie est tellement école que nos écoles ne peuvent la contenir.

A vingt ans, j'irais sous les bois me perdre pour me retrouver. Je redeviendrais l'enfant que j'étais pour mieux comprendre le jeune que je suis devenu. Mes parents ,peut être, iront au vieux cinéma de la ville pour s' y cacher le temps d'un film et ressasser leurs petits moments de premières rencontres. Mon frère fera son chemin d'enfant aujourd'hui'hui pour se "construire".

Le sport du dimanche

C'est dimanche, pas de sonnette et pas de cartable!

C'est malheureux, mais c'est comme ça! Notre merveilleuse société moderne que nous avons eu l'intelligence de nous construire nous détruit. Elle nous détruit à petits feux dans notre impuissance choisie.

Le confort éphémère de nos maisons, parfois même luxueuses, le gigantisme de nos bâtiments et bâtisses, la splendeur de nos squares artificiels et fantasmagoriques, la vitesse hypersonique de nos moyens de locomotion.. et paradoxalement l'absence de temps de répit, angoissent et stressant.

Maintenant que les dés sont jetés et que le temps est imparti, donnons à dimanche son vrai nom:le temps pour soi.

Là, je décide pour une fois relativement de ce que je fais. Et ma préférence va au sport. Le sport, c'est l'activité humaine par essence.Oui, cela surprend, mais on ne fait que courir. On ne fait que sauter. On ne fait que marcher. On ne fait que danser. On ne fait que porter, même souvent supporter. Nous suons tout le temps. Parfois même quand nous dormons. C'est, semble-t-il, ce que nous pratiquons comme loisirs dans le ventre de nos mamans.

J'irais donc faire mon sport préféré. Ce sport que j'ai pratiqué depuis mon enfance. Ce sport si populaire que mon père pratiquait, mon oncle, mes voisins, mes cousins..tout le village pratiquait et continue à le faire.

J'irais jouer au foot! Cette fois,ce serait sur ce terrain synthétique que la commune a enfin construit sur la terre de mon oncle qui l'a mise au service de la jeunesse depuis bien longtemps.

Je jouerais avec et contre des jeunes de cinquante ans et des vieux de vingt ans..

Je jouerais pour l'amour du ballon rond. Je jubilerai quand je marque, quand mes coéquipiers marquent et n'heisterai à me fâcher si mon équipe perd.Oui, même a mon âge, Je reste sportif d'accord, mais aussi combatif. Mes jambes ne me permettent plus d'être compétitif, mais mon cerveau et ma mémoire de combatif n'ont pas lâché.

Comme d'habitude, nous les jeunes d'esprit, Nous nous associons les services de ces jeunes de corps et d' esprit. Nous avons besoin de "forces ouvrières ".Notre expérience associée à leur vivacité feront le "job": Nous pour livrer des passes et eux pour courir!

Courir, parce qu'il le faut souvent dans la vie. Mais aussi, transmettre, par ce que c'est ainsi que continue la vie.

Ce foot, comme tout sport, ce n'est finalement pas que du sport. C'est vrai, les nymphes y sont chassées et l'énergie activée, mais c'est plus que de la simple adrénaline et sérotonine. C'est une classe ouverte.

Un adolescent qui joue au ballon a tendance à dribbler davantage tandis qu'une personne mature a compris que le foot est un sport d'équipe et donc plus collectif qu'individuel.

Sur ce terrain synthétique, nous ne faisons pas que jouer au foot, nous parlons, hurlons,rigolos et compatissons quand qulequ'un est blessé ou s' est foulé la cheville, parfois, même s' il est dans l'équipe adverse. Nous partageons les citronnades, sandwichs et photos-souvenirs. Il nous arrivent souvent de conduire ceux de nous qui habitent à l'autre bout du village quand ils n'ont pas de voiture.

Nous échangeons plus que le ballon, nous échangeons tout simplement: Nos réalisations, leurs rêves, nos expériences, leurs aventures.

Le terrain devient ainsi une grande salle de cours ouverte, plus grande que les salles de cours des écoles notées. Ouverte non seulement entre les acteurs sur le terrain, mais également quand un enfant d'un ami vient chercher son papa, son cousin, son frère ou oncle sur le terrain . Là, C'est le sifflet de la récréation qui suspend le match pour donner le temps à cet adorable bébé de titiller le ballon, faire des passes à tous, dribbler à son rythme et aller marquer comme un grand sur un gardien improvisé pour l'occasion.

Au foot, en tout cas notre foot, on ne fait pas que jouer.C'est tout un monde de relations qui se crée. Le monde de l'apprentissage par la transmission , par l'action, prend forme doucement et dans une fluidité remarquable.

Le sport, c'est l'école de l'intelligence par excellence. Le ballon est rond mais très correct. Il répond fidèlement à ce que vous lui commandez de faire. Chaque contact est l'aboutissement d'une gestuelle ,d'un mouvement plus ou moins réussis. Un ballon effleuré changera légèrement de trajectoire tandis qu'un coup de tête plongeante bien fort lui donnera un effet imparable.

C'est donc de votre posture, la force que vous donnez à votre geste, le but recherché et la conviction qui vous anime que dépend le sort du ballon.

Notre vie, n'est ce pas à l'image de ce ballon, nous qui en faisons ce qu'elle est?!Nos matches de la vie, ne sont-ils pas cette série de rencontres avec les autres, coéquipiers et équipiers adverses ?

Notre vie, c'est ces matches de préparation, amicaux mais aussi officiels que l'on joue tout au long de notre existence et que l'on veut tous gagner pour l'amour du jeu (la vie), la consécration et le bonheur!

Ce terrain de foot de proximité, c'est l'estrade du théâtre de nos attitudes et comportements scénarisés ou improvisés .

Ce terrain de nos oublis nous rappelle qui nous sommes lourd vrai:de simples gens au besoin d'être et d'exister.

Nous cessons d'être quand nous nous livrons aux fards d'exister.Nos artifices nous défont et nous dénaturent. Notre avidité du gain fait ce que nous sommes devenus d'atroces, de féroces et de mortellement déshumanisé :l'antichambre de notre essence . Et c'est justement ce que nous venons chercher à oublier sur le terrain . Nous ne nous le déclarons pas de peur d'être seuls atteints de la maladie de la société moderne. Nous ne voulons pas l'admettre, mais nous sommes toutes et tous cantonneras de la même cargaison: stress, burnout, anxiété et frustrations.

Autant d'articles jadis prohibés mais qui circulent comme le vent dans nos quotidiens choisis. Ces maladies meublent nos écoles , administrations, bureaux, rues, et n'hésitent pas à s' s'asseoir sur nos divans et salons .

Note terrain de foot est le dépotoir de nos rejets , injures stockées, expressions étouffées devant nos patrons insolents et injuriants.

Notre terrain est l'école de purge de dépression ,de production d'énergie positive,de libération d'espaces dans nos mémoires saturées,de prise de conscience de l'infinie étendue de l'océan de l'inconscient et des limites du conscient..

L'adrénaline est certes recherchée mais pas que! Nous cherchons ce qu'il y a de plus riche en nous:Nous nous cherchons. Cette échappée est non seulement belle, elle est rebelle. Elle s' inscrit dans notre petite révolution contre le préétabli, le normatif , l'immuable et le prescrit. A défaut de pouvoir fait face à ce colosse titan que nous avons créé et adulé de génération en génération qu'est la société moderne, nous faisons nos petites guerres de renégats insoumis le temps d'un week-end. Cette école du foot du week-end nous embellit, répare et rassure.Elle nous reconstruit après nous avoir, à chaque fois, déconstruits.

L'école, n'est ce pas ce qu'elle devrait fait de nous? Nous déconstruire pour mieux nous comprendre, connaître nos vraies attentes pour mieux nous construire.

Le foot du dimanche, comme d'ailleurs toutes nos occupations de passion, nous construisent.L'école qui construit est l'école de la passion.

A la rencontre de celles et ceux qui sont mordus la même passion que nous, nul besoin de faire des efforts de sensibilisation, de rappel de la dernière leçon pour les "prérequis ", de question de mise en route, de définition ou d'orientation. La pédagogie est bien rodée. Tout le monde est motivé et sait ce qu'il a à faire.

Tout le monde est ici pour une évidence : La chasse au plaisir de taper au ballon!

La chasse avec tonton

C'est dimanche, pas de sonnette et pas de cartable!

Des consignes de positionnement et du gibier à tirer sont données. Tout le monde écoute religieusement ce commis de la réserve aux mots bien précis mais très sympathique dans son attitude. Je me plie à l'ordre quasi-militaire et attend le coup du départ tel un athlète en position sur les starting-blocs. Les chiens,les rabatteurs, les chasseurs, les officiels de la fédération des chasseurs , tout ce monde pour une battue bien préparée! Cela donne des frissons pour le novice que je suis.

A la chasse comme à la chasse! Un vieux dicton dit ceci:"On ne peut pas à la fois chasser et danser."

J'ignore dans quel contexte il a été prononcé, mais pour moi, la chasse n'empêche pas de danser.Moi qui ne suis qu'un gamin qui accompagne mon tonton à la partie de chasse, tout est jeu et tous les jeux sont une forme de danse!

Nous dansons tout le temps y compris quand nous sanglotons,frémissons, scions du bois, manifestons dans les rues pour des injustices sociales, de revendications et même contre un pouvoir totalitaire. Oui, pour moi tout est dansé, car en enfant je ne crois que ce que je vois:un corps qui bouge.

Mais, là c'est différent. Un gibier abattu danse de tous ses malheurs. Il agonise, il ne rigole plus.Il ne s' amuse plus.. il a mal, très mal. La mort ne badine pas..elle fait son job: elle donne ce qu'elle fait de mieux :la fin de la vie.

Quand on danse, tout danse en nous. Tout bouge et rien ne reste figé Même notre nez bouge et nos oreilles aussi. Nous grimaçons et rions, et nos lèvres , notre langue dansent aussi.

Cette perdrix fraîchement abattue a dansé le temps de quelques fractions de secondes! Puis, elle a rendu l'âme. Elle ne bouge plus, ne respire plus,ne clignote plus de ses jolis yeux.

La différence entre la danse et l'agonie, c'est leu issue .Quand on cesse de danser, on passe à autre chose. Quand on agonise, on ne passe pas à autre chose.C'est les autres qui passent peut être bien à autre chose.Nous, on y passe.

La perdrix y est passée . Ce fût pour moi un choc de toucher cette belle créature si douce et si soyeuse ,inaccessible de son vivant. Mais c'est resté ancré à jamais dans ma mémoire d'enfant:la vie est belle , mais la mort est imprévisible. Mon tonton vient de mettre un terme à cette belle maman qui a certainement couvée plus d'une fois. Commet je le sais, c'est tonton l'expert qui m'a expliqué dans la pédagogie de transmission la plus naturelle possible.

Oui, je suis au milieu de nulle part, mais j'y suis en tant qu'apprenti chasseur. Je suis sûr les bancs de l'école réelle, la nature.

Ici on apprend par tous les sens, dans un contexte continuellement changeant et à travers des postures différentes. Ici, je ne suis pas cloué à ma chaise, dans la rangée désignée. Ici, j'agis et réagis.

Cette partie de chasse est une première pour moi .C'est comme pour mon premier jour dans cet établissement préscolaire. Sauf qu'ici, c'est moi qui ai tant attendu cette sortie entre hommes.Mon tonton est mon idole et la chasse m'a toujours intrigué. Je tenais vraiment à la vivre à force d'écouter mon tonton en parler. En plus, avec lui le feeling passe. C'est un facilitateur par excellence.

Notre école de la vie notée doit prendre exemple sur l'école réelle. Nos professeurs qui ont le mieux réussi à nous marquer sont ceux qui nous ont émerveillés. L'apprentissage passe par l'émerveillement et l'enthousiasme plus que par l'appréciation normative. L'appréciation normative est la note obtenue sur le bulletin des notes.

Je n'ai pas tiré un seul coup de fusil, mais j'ai eu l'impression d'être acteur actif de la chasse.J'ai pu guetter, sentir,entendre et voir avec les mêmes ressentis que mon oncle. J'ai transpiré et frémi autant que lui.

La chasse m'a appris non seulement à chasser, à courir, à me taire, à espérer, à réfléchir, à agir. quand il le faut , à rester immobile,etc

A l'école de la chasse, l'apprentissage n'est pas séquence comme en classe.. Il ne suit pas une planification linéaire avec un cour,un exemple, un exercice d'application un contrôle continu puis un examen.

La chasse m'a appris que rien n'est immuable et figé, qu'une technique aboutie lors d'une situation ne peut être dupliquée à l'identique dans une seconde situation malgré l'immense ressemblance.

A la chasse nous apprenons sur le tas .Nous apprenons de nos erreurs, sauf que nos erreurs ne nous empêchent pas d'en refaire. Nous apprenons à rester humbles devant la sagesse de la nature, de l'animal et des érudits de passion.

Nous nous rendons à l'évidence que l'apprentissage est un livre inachevé auquel il faut toujours ajouter ses propres chapitres.

Oui, j'ai appris énormément de mon oncle, mais pas que de mon oncle. Il y avait des enfants de chasseurs de mon âge aussi.. J'irai observé leurs comportements .. ils ont l'air d'être nés chasseurs. Ils portaient des sacoches de militaires où ils mettaient les gibiers et savaient commander les chiens comme des grands.

Les chiens, dont les nôtres, ne ressemblent pas aux chiens de garde de nos maisons. Ils assurent leur job de "rabatteurs " et de "ramasseurs". comme ces enfants au bord de nos terrains de foot ou de tennis.

Aujourd'hui'hui je ne m'interroge pas entre nos chiens et mon oncle. J'observe et j'apprends de cette relation fusionnelle entre le chasseur et ses chiens., du comportement du gibier dans sa guerre de survie, des caprices de la nature et de sa clémence imprévisibles.

Oui tout est ici "ateliers ouverts". Même le silence de tous les acteurs de l'immense nature est vecteur d'apprentissage.

Ce lièvre est bien dans ce buisson mais je n'arrive pas à le voir. Les chiens l'ont cerné et mon oncle me lance le défi le débusquer. Il a juré de lui laisser la paix et de ne pas le tirer par respect de sa démarche de se barricader derrière l'impénétrable buisson. Lui, mon tonton, l'a déniché et attend ma prouesse qui tarda à venir mais arriva enfin.ò le pauvre! Il doit être immobilisé dans son stress physique. Mais tant mieux, l'instinct de survie est parfois salvateur quand on ne réagit pas. C'est comme quand le patron nous agace mais choisissons d'ignorer ses puériles provocations afin de ne pas perdre le boulot.

Nous stressons dans nos cadres de travail électriques mais pensons à nous vider les de nos jours de repos comme pour ces mordus de La pêche.

La pêche à la canne

C'est dimanche, pas de sonnette et pas de cartable!

Une rivière poissonneuse, mais pas n'import quel poisson! Ce coin est inaccessible à tout le monde. Non pas parce qu'il est interdit d'y aller, mais parce qu'il est jalousement protégé par les gens du village qui borde ces ruisseaux en amont de ces grands étangs de la pêche massive. Ici, en amont, la pêche est un art. L'art d'approche, d'amorce, de séduction, d'accroche et de prise quand le poisson cède au combat.Le poisson y est dur à avoir!

Il est très furtif, vorace certes mais gourmet.La truite, pour qui la connaissent, ne se prête au jeu du leurre que si elle est séduite.Très sélective , elle semble ne pas faire partie de ces pauvres créatures qui donnent l'impression d'avoir une courte mémoire.

J'ai la chance de naître dans ce petit village au beau milieu des montagnes.Les gens ici sont paysans, bergers, forgerons, ouvriers, commerçants ou commis d'autorité.

Vous ne trouverez pas de boulangerie, ni de restaurant, ni de café, et encore moins un club de tennis ou de basket.

Notre sport favori est le travail! Nos loisirs se font sur nos champs , prairies, forêts ,école et souvent au bord de cette rivière serpentant le village.

L'ouverture a eu lieu ce dimanche de printemps bien printanier . Les éphémères fleurs de cerisiers bien de chez nous, de poiriers, de pommiers, de cognassiers plus tard viennent atterrir sur les flans de ces ruisseaux qui quittent, pour y retourner plus bas, cette mère rivière à contre-bas.

Cet amerrissage est le fait aussi d'insectes de saison qui viennent piquer une tête pour s' abreuver ou intercepter de minuscules cadavres protéines, fait le bonheur du pécheur: le poisson est bien là et il l'exprime bien par ses jets acrobatiques répétés.

Enfants, nous suivions, portions les sacs , vendions des appâts (vers, porte bois. ..) et récupérons les hameçons, files, cuillères et plombs accrochés au fonds ou aux branches.

Aujourd'hui'hui,j'y vais en expert, disciple de la nature et de l'action, quand ma famille m'en donne la permission.
Oui, même en chef patriarche, je prends congé de mon épouse et mes enfants pour redevenir enfant, c'est à dire libre de tout pour tout faire.La pêche est mon "gagne-Bonheur" préféré!

Mon gagne- pain est désormais en ville sous la houlette de ce grand patron public qui me paie à me tuer de besognes et de tâches interminables du service public. Là-bas, j'y vais en enfant insoumis et libre.

Nos hobbies nous rendent notre joie enfantine et humainement authentique en nous. Quand nous vaquons à nos loisirs, nous le faisons religieusement fort,. Nous nous y investissons à fonds. Nous n'y allons pas avec le dos d'une cuillère. Nous nous y enfonçons sans nous y efforcer. Nous suons, non par peur ou pression, mais par amour et passion.

Ces truites, arc-en-ciel et fario, sont restées fidèles à elles-mêmes. C'est à croire qu'elles sont les mêmes que j'ai pêchées à mon enfance. Mais, je suis sûr de les avoir tirées de l'eau celles-là et bien vidées sur place pour qu'elles ne pourrissent pas. Et puis, l'âge moyen des truites d'eau douce ne devrait pas dépasser huit ans. Celles qui vivent longtemps périssent au bout de dix ans maximum. Je le sais parce que ces chevronnés pêcheurs me l'ont dit. Mieux encore il y a de cela une quinzaine d'années, j'ai trouvé une grosse truite fario qui devait faire dans les trois kilos sur la rive . Elle etait à moitié blanche. Les écailles ramollies, elle nageait à peine sur le côté. Cela devrait être une fin normale de longévité.

A la pêche, comme à la chasse, on ne fait pas que pêcher et chasser. On apprend!

La patience, le respect, l'action, le retrait sont autant de réflexes que l'on apprend par l'expérience, l'échec parfois et bien d'autres canaux.

A la pêche, l'apprentissage est instantané et continu. Le flotteur sautille et puis met le gaz, la prise est quasi certaine! à moins que la ligne casse ou que l'hameçon cède à La force du monstre.Mais c'est sûr que l'appât n'est pas accroché qu'aux extrémités de la bouche .

Une cuillère qui cesse de tourner! Elle est interceptée par le carnassier à moins qu'une racine ou une branche l'aie retenue au fonds.Un novice est berné tandis qu'un pêcheur émérite sait reconnaître une interception active d'un écueil.

On ne devient pêcheur émérite qu'à force de casser la ligne, perdre du plomb, monter et démonter les bas de ligne, perdre une prise en essayant de la décrocher de l'hameçon...

Dieu sait que j'en ai vu! Oui, moi qui ne suis qu'un petit pêcheur à la ligne récupérée sur les branches et les écueils des profondeurs, j'ai vu filer des poissons de toute taille et de tout genre à défaut d'avoir bien monté les nœuds, pour avoir utilisé une ligne de moindre résistance au poids de la bête active...

La pêche est une école de la vie . On ne devrait pas pêcher quand le soleil est au beau milieu du ciel. A midi, le poisson fait sa sieste. Il est rassasié ou craint-il la chaleur. Le gardon et la carpe viennent sur la surface pour bronzer ! Leur métabolisme est remarquable: je me demande s' ils ont un point commun avec les reptiles. Le serpent s' expose au soleil, vient chercher la chaleur de l'asphalte sur nos routes dans la fraîcheur des nuits d'été. Les crocodiles passent un temps fou sur les berges des lacs et des rivières sinueuses.

Le gardon et les carpes digèrent au soleil tapant mais restent indifférents à nos offrandes.

La truite , elle, craint la chaleur est décent d'un cran . C'est vers les zones ombragées que l'on peut la toucher. Lancer dans ces zones est une entreprise à risque que seul le geste du maître peut réussir.

Le maître, c'est cet expert qui a pratiqué pendant assez longtemps pour affiner le geste.C'est sûr qu'il a eu des déboires , qu'il en a accroché plus d'une aux branches et aux écueils des profondeurs avant de le faire si naturellement.

La pêche, à l'instar de toutes les vies,de tous les métiers et hobbies, est l'école de l'apprentissage dans sa logique évidence :Un processus qui va de l'incompétence inconsciente à la compétence inconsciente (où on est expert) en passant par l'incompétence puis la compétence conscientes. (Cf. "L'école du bien-être" Éditions Muse .Herrar Ahmad)..

La pêche, parce que nous y allons par passion, nous accueille bras grands ouverts pour nous enseigner , non seulement comment la pratiquer, mais également comment se comporter dans la vie.

La truite est hyper intelligente! L'homme l'est plus.

Dans nos relations interpersonnelles, nous sommes confrontés à des défis d'approche, d'amorce, de séduction, de patience, de persévérance, de résilience, et de tout ingrédient du"vivre ensemble".

A la pêche , comme dans la société, le grand défi n'est pas d'entrer en relation, mais de la maintenir., de l'entretenir et de l'améliorer.

Il arrive qu'un poisson ignoré l'appât. Il est souvent d'un grand sentiment de malchance que de voir sa prise échapper au bout de la ligne. Le défi est de persévérer, de changer de stratégie d'approche, de changer d'appât, de technique voire de prendre son mal en patience.

Tant mieux si le poisson lâche! Tant mieux s' il boude mes appâts! Demain je reviendrais le tenter. Ce dont je suis sûr, c'est que s' il est à moi,personne d'autre ne le prendra. Il serait toujours là à m'attendre.

Fort de ma conviction, j'irais vaquer à d'autres préoccupations avec un cœur bien empli de joie et de bonheur d'avoir passé un moment avec mon écologie choisie.

L'écologie choisie est dans notre perception du monde. En pêcheur passionné, je sais que le moment passé à côtoyer mes bien-aimées nature ,rivière et truite compte plus que les prises vidées et mises dans mon sac de pêche.

Toutes celles et ceux qui n'ont pas la passion n'y comprendront rien.Pour eux, c'est une perte de temps et d'énergie. Pour toi, c'est un gain de temps et d'énergie:cela s' appelle "vivre" tout simplement. Nous gagnons du temps non pas quand nous arrivons avant l'heure lors d'un voyage, mais quand nous profitons assez de chaque instant, des paysages que nous traversons, des tendresses et des moments de sympathie que nous partageons avec nos compagnons de route,etc.

Quand je vais à la pêche, j'y vais pour pêcher certes, mais pas que pour ses prises.

On peut revenir de la chasse bredouilles, On peut également ne rien pêcher! Les vrais pêcheurs, comme d'ailleurs les vrais chasseurs , ont la conviction que la nature a ses lois. Celle de la survie prime sur toutes les autres. L'animal ,comme le poisson, se bat pour vivre mais surtout pour survivre. Le poisson, comme le lapin, a développé des techniques d'approche qu'il juge assez intelligentes pour ne pas se faire prendre, mais il lui arrive de tomber dans le piège Et quand c'est le cas, l'instinct de survie entre en scène pour y échapper.

Cette école de la pêche, j'y vais aussi quand je vais dans la rivière, et je m'incline, tout en apprenant, devant la sagesse des acteurs de la nature.

L'homme, n'est-il pas sujet à ces défis de survie au quotidien?! Nous agissons, réagissons, nous abstenons selon notre perception des choses.

Le jour, nous nous activons et le soir nous dormons.Mais, la règle, n'est-elle pas inversée quand notre travail ou métier nous impose sa loi de travailler la nuit pour nous reposer le jour?!

Une sortie en ami (e)s

C'est dimanche, pas de sonnette et pas de cartable!

C'est dimanche. Mais c'est déjà casé! Cela fait des jours que nous l'attendions avec impatience, cette sortie programmée entre amis. Tout au long de la semaine nous sommes collègues et amis le temps de la pause- déjeuner.

Le week-end est à nous. Oui, cela nous rappelle cette fameuse émission " le dimanche est à nous"., mais effectivement le dimanche peut nous échapper comme d'ailleurs tout le week-end.

Là, c'est différent, nous avons pris soin de réserver ce chalet au bout de nulle part au beau milieu de ce hameau de verdure et de villégiature. Le seul béton armé est celui de cette bassine en guise de piscine pour tremper le bétail lors des opérations de vaccinations programmées par le vétérinaire du village voisin qui vient rendre visite à ces quelques familles d'éleveurs.

Nous y voilà à peine arrivés quand ces chiens authentiques nous reçoivent dans ce ballet interminable d'aboiements et de remue-queues .

Nos hôtes nous rassurent. Ils ont compris notre angoisse. Seuls deux d'entre -nous sont descendus de leurs voitures. Nous sommes tous restés cloués à nos places de passagers.

Nous ,les citadins, nous avons des chiens dressés "sortie–usine".Nous le achetons auprès de professionnels du commerce animalier. Généralement, ils sont testés et sous garantie!

Nous les citadins, nous avons des préjugés bien étiquetés sur les dangers que présenteraient les chiens de bergers dans nos compagnes. Ils sont souvent dressés pour attaquer tout ce qui risque de voler ou égorger les moutons.Notre conscience collective est ainsi faite:c'est après tout leur travail que d'éloigner le danger et protéger le bétail du maître.

Nos hôtes nous rassurent : Descendez bande de trouillards citadins!Le sourire authentique et chaleureux illuminant leurs visages outrageusement sympathiques.

La bande de chiens est en fait le cortège d'accueil entraîné par nos hôtes et ils ont pris à cœur leur rôle de maîtres des lieux , de stewards et d'hôtesses d'accueil.

Premier contact, premier apprentissage qui devait passer par un désapprentissage insolent : Une pierre lancée dans la marée des clichés dont l'école du confort nous a gavés.

Nous changeons immédiatement le logiciel fourni le premier pas dans la planète de la nature.

Les aboiements d'accueil n'ont rien avoir avec ceux de mise en garde ou d'l'ultimatum. Le, timbre, le ton,l'intonation du "verbe" riment avec les mouvements à l'horizontal de la queue et la posture des oreilles!

Premières secondes, première leçon de vie!

Un chien, c'est une arme à double tranchant. Un smartphone est une arme à double tranchant. L'homme a créé le chien en apprivoisant le loup pour garder les moutons contre son ancêtre. L'homme du .monde du confort l'a dressé contre les loups du béton. Il a fallu organiser cette "échappée belle" pour s' en rendre compte.

Après les minutes de la visite des lieux et la dégustation de ces produits de terroir en guise de bienvenue (fromage de chèvres, boissons fait-maison...), nous nous préparons à faire un tour pour prendre nos marques dans ce nouvel environnement. Notre leader du groupe demanda les clés de l'étage quand le propriétaire lui fît savoir qu'elles sont sur le tronc d'arbre qui sert de commode mais qu'il n'avait pas de souci à se faire au sujet de nos effets.

Personne d'autre que nous n'est en vue à des kilomètres de la ronde.

Leçon numéro deux! La sécurité est un état d'esprit et la confiance se construit. Les instances sociales censées faire la police , c'est notre peur injustifiée qui les justifie.

Nous avons appris à nous barricader derrière des prisons choisies de l'impuissance acquise à force d'alimenter notre perception déformatrice de la réalité . La sécurité, ce n'est pas ce que nous croyons :les portes blindées de nos maisons, les caméras de surveillance, les polices d'assurance, les agents de sécurité, etc.

La sécurité, c'est avant tout un état d'esprit où la quiétude est installée comme mode de comportement au quotidien. Un état où le voisin sonne à la porte du nouveau locataire pour lui demander à quelle heure il fait sa sieste pour programmer les activités de ses enfants en dehors de ladite plage horaire.Cela s' appelle de l'empathie et du respect, et cela se construit.

Dans la nature tout se construit:un loup se construit, une antilope se construit. Dans nos sociétés de confort, les bâtiments sont construits, mais l'homme ne l'est que rarement.

En installant les stressors émotionnels partout, nos instances sociales fabriquent des peureux, des inhibés et des impuissants convaincus.

Notre école, notre police,nos assurances, nos banques et notre presse fabriquent des adieux, des peureux et des impuissants soumis.

Seul (e)s celles et ceux qui ont appris à être insolents face au préétabli et à la conformité ont su tiré leurs épingles du jeu.

Qui veut la paix prépare la guerre, nous dit-on. Dans mon tout premier essai "Toutes les vies pour la vie", j'ai essayé autant que faire se peut de décortiquer la notion d'épanouissement en questionnant la vie "professionnelle ".Nos bureaux sont loin d'être des espaces de vie malgré les efforts d'humanisation dont se vantent les rares structures ayant mis en place des CHO (chief happiness officier) pourvoyeurs de bonheur dans l'entreprise.

"Fais ta guerre pour ta paix!", voici l'essentiel de ce ce qui fait la ligne de conduite vers le salut et l'eldorado que l'on nous promet dans le l'onde du travail. Le monde entrepreneurial ne fait pas l'exception. Un entrepreneur ne crée passivité pour faire de l'assistanat.

C'est de cette jungle et de cet océan où les gros cétacés ne font qu'une bouchée des petits crustacés que je parle ici.

Quand Karl Marx incitait les prolétaires du monde à s' unir, ce n'était pas pour anéantir les capitalistes. Mais bel et bien pour constituer un bloc de résistance et un groupement d'intérêt face à la prédominance du "facteur capital".

Récemment, un PDG d'un grand matador industriel des carburants expliquait que l'on ne pouvait pas interdire à son entreprise d faire des "sur-bénéfices" au détriment de la classe ouvrière de plus en plus enlisée dans l'extrême disette dans l'économie de crise. Son salaire a presque doublé de millions d'euros tandis que des licenciements et des fermetures sévissent des sites de production. Mieux encore, la sacralisation des rétributions du patronat est intouchable.

La loi du marché ne fait pas que des heureux.Tout le monde n'est pas employeur et encore moins actionnaire majoritaire qui engrangent des super-dividendes.Là aussi, faut-il le rappeler, tous les patrons ne font pas fortune . Beaucoup d'entreprises militent pour survivre. L'entrepreneuriat, tout comme l'emploi, est une jungle.

Nous sommes ici pour une courte durée, mais le programme est trop chargé : Nous marcherons, grimperons des arbres et des montagnes, nagerons dans ces rivières vierges et sauvages, trairons les vaches, couperons le bois de chauffage, netoyerons les étables, cueillerons les fruits mûrs . La liste est longue mais tout est "exotique". Et cerise sur le gâteau:Nous mangerons"bio". Une diète bien fournie et hygiénique.

Quel délice que de suivre un programme trop chargé mais choisi pour faire le vide! Enfin beaucoup d'efforts pour suer dans le bon sens.

Nous allons secouer des muscles pour leur rendre leur la vie. Notre cerveau va chercher dans nos mémoires des activités laissées au placard. Nous allons réapprendre à vivre tout simplement.

Comme par miracle, nous y voilà comme si nous y étions toujours. Nos sens rejaillissent comme pour régénérer. Ça doit être cet effet madeleine qui nous ressuscite! Qu'est ce qu'est c'est beau de faire simple pour enfin mieux manger, .mieux dormir et mieux respirer.

Cette sortie nous a fait du bien à tous.Chacun en profitant sans modération. Moi, mes bras m'obéissent enfin! Et mes genoux, ils ne claquent plus quand je veux m'asseoir ou le lever. C'est formidable ce qui m'arrive:j'ai l'impression que ma peau a eu droit au plus grand soin de cette dermatologue par nature.

Et puis.. le sommeil ne se fait plus lourd du coup, comme par magie. Vraisemblablement, il y a du vent dans l'air (e).

Oui, ici dans cette aire de repos magique, il vente vraiment des câbles. Mais, c'est tout bénef! L'air de l'aire est formidable. Quand le vent soufflé, c'est pour la bonne cause:il s' ensuit souvent qu'il pleut et parfois même qu'il neige. Le vent est sincère par ici.La pluie est franche et la neige aussi , parie-t-il. En cette période d'été, il lui arrive de tomber, nous confie la tenancière des lieux. Mais cette année, ça ne risque pas d'arriver!

Là, les ondes bêta de mon cerveau s' activent pour voir se bousculer les mots , dans une ruée effrénée , dans la bouche: " Vous affirmez que la neige ne risque pas de tomber pendant cette période de l'année? Co..comment vous pouvez le prévoir ? !".

Le mari de la dame, la fourche bien tenue par la manche, répondit dans un air fier et altier:" jeune bourgeois, comme ils nous appellent pour nous taquiner, ici la météo s' acquiert et ne se regarde pas dans les écrans de télé! "

Je réalise combien nous sommes victimes de nos propres machines à algorithmes. Nous innovons pour créer des objets qui nous connectent à leurs niaiseries et au final nous déconnectent de l'essentiel.Moi qui suis dans la sphère d'une start-up de l'intelligence artificielle, j'extrapole au lieu de tout simplement voir pour réaliser!

La dame, panier plein de légumes de potagers bien accroché au creux du coude, s' apprêtant à s' asseoir sur une botte de foin , inspiré profondément et enchaîne :" Moi, mon petit prince, je ne suis pas prétentieuse pour affirmer. Mais je suis quand même assez grande pour comprendre.Cela fait plus de soixante-dix ans que j'apprends que le grand défi, c'est de rester humble. Mon école, ce sont ces phénomènes qui se répètent à dessein.

Effectivement, Notre école "notée " nous gave et nous rend artificiels. L'école réelle (la vie) nous laisse dans notre nature: des hommes et des femmes en perpétuel apprentissage.

Un strophe d'une prose arabe dit dans ce qu'il est possible de traduire ainsi:

"Les èpis bien fournies s' inclinent humblement; tandis que se dressent celles vides".

Récemment, on parle dans les milieux de la connaissance de ce qu'on appelle "la neuosagesse". Si j'ai bien compris, c'est quand la science est confiée aux sages L'intelligence artificielle permet des avancées extraordinaires en chirurgie de pointe, dans la transplantation par exemple. Traquer sa commande, tracer son itinéraire de navigation, déclencher l'l'approvisionnement à distance quand le stock outil en provisions alimentaires du réfrigérateur est atteint, etc.

C'est tout à l'honneur de la technologie. Et c'est l'aboutissement d'un travail sur l'hédonisme et le confort recherché par l'homme.

L'autre revers de la médaille, c'est l'usage fait parfois par des mains invisibles mais nuisibles de cette avancée technologique.

Trop de blé tu le blé. Trop de maïs tué le maïs. Trop de roses tue les roses.

J'ai envie de dire qu'à force d'intensifier, on dénature. Nous avons poussé le bouchon plus loin. La génétique a trop subi quand l'homme a trop pensé. Ne dit-on pas que quand on pense trop ,on se trompe souvent.

A trop vouloir mieux faire, mieux sélectionner, l'homme a défait. Nous avons fini par manger un semblant de blé, un semblant de maïs, un semblant de tout.

La senteur des roses n'est plus celles des roses .Le parfum d'amour n'est plus que dans les étiquettes. Au part un de ceci, au parfum de cela, Nous finissons par avaler ces absurdités mercatiques par le génie des mercaticiens fins psychologues de la communication hypnotique de groupes.

Non, ici dieu soit loué, Tout est naturel et la bouffe est authentiquement naturelle.

L'école des sens! Mes amis et moi en sommes persuadés : Nos hôtes sont de vrais pédagogues de la rééducation sensorielle. Nous sommes arrivés certes pour nous ressourcer mais notre caractère haut in et mondain de citadins nous hante encore. Nos hôtes le savent pertinemment et savent s' y prendre en douceur. L'expérience est mère de pédagogie active de transmission. Et puis, la douceur et l'empathie sont les infaillibles vecteurs de l'enseignement valorisant.

Les arômes ne sont pas que sentis.Ils sont aussi regardés, touchés, dégustés même parfois. Ici, le temps que l'on prend à découvrir, à observer, à savourer et à assimiler ne nous est pas décompté. Ici tout est recréation, même les instants d'intense concentration. Dans l'école de la vie, le lâcher prise est une pratique accessible à tous. Une seule condition est requise:s' oublier et décrocher. Ici, c'est simple! Nous y sommes par choix. L'apprentissage ne peut qu'être délibéré .La transe d'apprentissage est à son sommet quand la motivation vient de l'intérieur. Nous sommes ici par passion de découverte et de ressourcement .

Une partie de paintball

C'est dimanche, pas de sonnette et pas de cartable!

Une fois n'est pas coutume,nous allons troquer nos vêtements contre des uniformes de soldats guerriers. Nous allons cesser d'être collègues pour un petit moment, supérieurs et collaborateurs, pour endosser le rôle de coéquipiers et d'adversaires.

Le jeu en vaut la chandelle! Nous nous repartissons en deux équipes portant chacune une couleur distincte.

Au-delà du résultat, du vainqueur et du vaincu., l'énergie mise, chacun selon sa capacité et son engagement, est la meilleure des récompenses, car l'adrénaline est directement proportionnelle à l'effort, aux attentes et à l'investissement dans l'action.

Je me suis souvent demandé si le cerveau sue suite à l'effort mental comme le corps à l'issue de l'effort physique.

Le cerveau est un muscle et les muscles se renforcent par l'action mais ne suent pas.C'est sans doute les hormones qu'il secrète qui sont l'équivalent de la sueur.

Je ne sais pas. Je ne suis pas un spécialiste de ces choses trop compliquées pour moi. Qu'importe qu'il sue ou ordonne de suer.Moi quand je sue, je sent me transcender une énergie positive et libératrice très forte. Cela est le cas de tout le monde je pense, si non je dois être le seul malade sur la terre.

Ce genre de sortie en amis apaise et purge! Oui, je me suis éclaté car je me suis donné à fonds. C'est le cas de tous mes amis, chacun sa dose d'adrénaline. Tout le monde a rampé , roulé, sauté ,tiré, esquivé, jubilé, crié et... a été touché . Les billes de peinture propulsées par les lanceurs sont de bons marqueurs. Au-delà du marquage sur fonds de palettes, chaque bille lancée ou reçue est un marqueur, non seulement de gagne ou de de perte, mais aussi et surtout de plaisir ou de déplaisir.

Plaisir et déplaisir sont les deux facettes d'une même pièce appelée : le bonheur.

Mieux encore, n'est ce pas là un laboratoire ouvert pour appréhender ce que Antonio Damasio appelle : les marqueurs somatiques.Cette complémentarité entre l'émotion et les facteurs cognitifs qui fait que l'on agisse ou non après une analyse logique et rationnelle. Ces situations sont fréquentes dans la vie et surtout quand la décision est cruciale. Entre tirer et éviter d'être touché, le choix n'est pas éminent.

Ambiancer , challenger, s'éclater, s' oublier,s' enraciner, se concerter, se donner... Voici ce que nous sommes venus chercher en troquant nos vêtements de collaborateurs contre ceux du "jeu aux soldats".

Jouer aux soldats ,c'est oublier de se croire seul capable de tout faire pour réaliser que chacun n'est rien sans l'autre.

Jouer aux soldats, c'est accepter d'endosser le rôle que le statut vous attribue dans le "bataillon ".

Les deux bataillons formés, chaque équipe s' organise comme elle peut pour venir à bout de l'adversaire du jour. Les rôles sont affectés et les stratagèmes sont dressés. Chacun prend à la lettre les consignes du "commandant ".

Chapeau bas aux organisateurs de tels événements avec tous les détails que cela suppose. Rien n'est laissé au hasard à croire que les maîtres des lieux sont d'anciens militaires et peut-être même d'élite.

Guerrier d'un jour, guerrier pour toujours. Voici ce que j'aurais proposé comme slogan publicitaire .
Dés que le signale de départ est donné, nous nous abandonnons au jeu de l'immersion dans la peau d'éclaireurs, de stratèges, de tireurs d'élite et de snipers.

Nous vivons dans la peau tantôt de la troupe qui gagne du terrain et tantôt de celle qui adopte une stratégie de retrait.

Ces mouvements de marées qui avancent et se retirent dans d'interminables alternances bien orchestrées par nos commandants de troupes nous purgent de nos stress professionnel,physique et émotionnel. Dans le feu de l'action, nous adoptons des postures de circonstances de l'instant et oublions nos "droits et obligations" de l'hypothétique vie professionnelle.

Celles et ceux qui ont expérimenté l'ambiance des séquences de "team bulding" organisées par leurs "boites" , de surcroit sans passer à la caisse, ne peuvent qu'en demander davantage. Les entreprises ayant eu l'intelligence de faire appel aux spécialistes du bonheur ont vu leurs indicateurs de performance exploser. On ne peut "exploser les objectifs" sans de vrais compétiteurs, agressifs et tenaces. Cela demande beaucoup d'énergie et de dépassement de soi.Cela laisse des traces comme dans une bataille de coqs dressés pour les jeux d'argent.Mais cela se soigne!Fort heureusement.

Tout le monde a suivi avec ferveur et engouement les exploits de ces braves acteurs du ballon rond dans ce mondial 2022. Une équipe à émerveillé le monde:l'équipe nationale du Maroc. Son coach, pour ne pas le citer "Regragui" , à mis tout le monde d'accord en révélant sans le vouloir, la source cachée :la "niya". Un mot qui a interpelé plus d'un . Ce mindeset devrait s' enseigner, non seulement dans le monde du coaching sportif, mais de la gestion d'équipe de manière générale.

Si nous citons ce cas d'école, c'est pour rappeler que le secret n'est pas dans les encyclopédies, mais dans la vie.

Cette dose d'adrénaline, de sérotonine, de toute hormone du plaisir et du bonheur ne peut émaner d'un cœur meurtri par les affres du stress, de l'anxiété et du désarroi.

Seuls les instants de liesse collective, de jeu choisi, d'affection, de passion et d'épanouissement produisent ces hormones de paix intérieure et de quiétude.

Au paintball, comme partout où le jeu est présent. les hormones du bonheur sont sécrétées pour que s' en suivent paix et relaxation.

Nous sommes d'autant plus investis dans le jeu que les doses d'adrénaline appellent à en faire plus. Notre cerveau gourmand et ainsi fait et l'appel à davantage de friandises nous enlise dans le cercle vicieux du "tout chocolat , tout merveilleusement amer mais irrésistible ".

La joie a son secret, celui de nous rendre esclaves volontaires de sa quête et de sa pérennité espérée.

Je n'ai jamais fait du scoutisme , du moins celui structuré et bien hiérarchisé. Mais, tout le monde a "bivoique" sous une forme ou sous une autre .

Des scouts qui improvisent

C'est dimanche, pas de sonnette et pas de cartable!

Il fait bon de dormir à la belle étoile et de passer la nuit les yeux rivés sur le ciel, la lune, les étoiles filantes et celles luisantes.

Il est bon de voir et d'entrevoir entre lune, nuages et étoiles, ce que nos mémoires perçoivent depuis toujours :le monde est beau!

Le monde est beau quand on s' improvise le temps d'un instant pour endosser le rôle d'acteur en immersion dans le cadre d'une mise en scène d'un scénario dont on est l'auteur.

Nous écrivons,mettons en scène et jouons les actes de nos propres rêves de vie. L'immersion, c'est cette évasion souhaitée et nourrie par nos rêves de grands enfants et de petits hommes insouciants mais bons vivants.

En dehors de la maison dans le jardin ou à des centaines de kilomètres de chez soi, nous nous abandonnons à notre vraie essence: d'éternels randonneurs. L'homme n'est pas canasanier par nature. L'homme est d'instinct migrateur jusqu'a ce que l'abondance le rattrape et "l 'assigne à résidence ".

Nous n'avons pas les gènes de ces aristocrates malades d'oisiveté et d'opulence. Et tant mieux, nous marchons beaucoup, couvrons des kilomètres et nous reposons un peu.

Le scoutisme est la révélation de la société moderne ,c'est-à-dire celle du confort devenu une religion pour tous.

Le scoutisme, faut-il le rappeler, est un mouvement de la jeunesse né en 1907 pour apprendre les valeurs de la solidarité, de l'entraide et du respect. Ces mêmes valeurs qui étaient l'ossature du "vivre ensemble "depuis toujours deviennent un parcours que l'école du scoutisme sanctionne par des attestations pour une minorité de la jeunesse de notre société individualiste et intéressée.

29 juillet 1907 - Naissance du s...

Ce scoutisme, pour moi qui n'ai pas eu la chance de le vivre sous la houlette d'une association ou institution, je l'ai fait à Ma manière, tout comme la plupart des petites gens. Je l'ai fait comme il se doit, sans avoir rien négligé de ses lois et règles. Les règles que je ne connaissais pas du tout mais que j'ai compris en regardant passer des dizaines de fois ces jeunes et moins jeunes dans un cortège digne d'un régiment. Chacun à son statut, ses missions, son manuel de conduite et une feuille de route.

Je le sais parce que j'ai eu à lire dans les yeux de ces derniers du peloton ,à la fois le malaise et la résilience, les larmes et les éclats, la fatigue mais jamais la lassitude.

Ce que nous cherchons ici,c'est la connaissance de soi pour le dépassement de soi. Forcer nos convictions pour pousser nos limites , voici ce à quoi cela sert d'intégrer un club ou une association de scoutisme. La connaissance de soi pour une meilleure confiance en soi à travers la résilience, la persévérance , la discipline et le dépassement de soi: Le scoutisme permet, comme d'ailleurs tous les programmes du genre, permet de casser le fil de "l'impuissance acquise " qui nous installe dans nos zones de confort d'éternels rassasiés.

Marcher, marcher et marcher d'un point de départ à un point d'arrivée qui, le lendemain, ne serait plus qu'un relais rappelle la plus oubliée des lois de la vie:l'éphémère.

Répartir sa ration alimentaire et sa gourde d'eau sur la durée du trajet rappelle une seconde loi :la provision comme outil de survie.

Passer la nuit au milieu de nulle part sur un terrain inconnu dans une clairière et souvent près d'une falaise rappelle une troisième loi de la vie: la vigilance.

J'ai voulu savoir si ce que j'ai scénarisé lors de mes jeux de scoutisme avec mes amis d'enfance concordait avec ce que nous avons appris et à travers ce que nous voyions à la même période de l'année se dérouler sous nos yeux de malchanceux fils de paysans.

J'ai donc demandé au fils du grand notable du village de raconter...

" Le scoutisme est une vie! Déjà quand tu arrives, tu n'es ni fils de, ni de la part de... Tu entres dans un club:le club de la structure,de la hiérarchie, de la discipline,de l'équipe et de la troupe", me répond ce fils de notable connu pour sa nonchalance, sa oisiveté, dans un discours bien huilé et une voix bien rassurante.

Rien que le fait que ce "petit homme" ait enterré le grand enfant qu'il était avant d'intégrer l'école de la construction de l'homme me projette dans ce monde de la rigueur et de l'art du vivre en communauté.

Son entrée en matière m'a fracassé! Ce fils de notable que nulle équipe ,quand nous choisissons nos camps , ne souhaitait avoir pour son caractère hautain et ses difficultés de déplacements sur le terrain, m'a invité chez lui, m'a ramené un souvenir de si loin et avait les mots tendres en le racontant son expérience. Mieux encore, ses yeux brillaient du feu de l'émerveillement.

Peut-on changer à ce point en si peu de temps?! On dirait qu'une autre personne est devant moi.Il y a de quoi être choqué! Le scoutisme, c'est vraiment une école de la vie. Ce n'est pas ce à quoi on jouait en copiant sur nos visiteurs d'une demi-heure. Le scoutisme, cela se vit et ne se raconte pas, ne se lit pas et ne s'entend pas.

L'enfant gâté et fils à papa st enterré et c'est un petit homme que je retrouve devant moi. C'est vrai que j'ai trois ans de plus que lui et qu'il a toujours eu peur de moi même s' il le cachait,mais là il donne l'imposante impression qu'il n'est plus intimidé par mes regards de paysans.Bien au contraire, j'ai l'impression qu'il est capable de me broyer les côtes s' il venait à me serrer.Mais la gentillesse et non cette fois-ci la faiblesse qu'il dégageait à travers l'intonation, le timbre et le rythme de respiration quand il parlait ,en dit long sur les exercices structurés d'apprentissage qu'il a dû faire pendant son séjour loin, si loin de son joug paternel.

Le scoutisme, c'est non seulement ce que l'on fait pendant notre séjour, mais surtout ce que l'on devient après chaque période passée à expérimenter chaque exercice, chaque atelier et chaque jeu de rôle.

L'école du scoutisme devrait être généralisée! A l'école classique, on nous apprend à lire et à écrire , à résoudre des problèmes , des équations, à tracer ses courbes, à faire des dissertations. ..

Il y en a même qui axent leur programme sur des savoir-faire et des savoir- être à des fins d'operationalite et d'employabilité. Mais aucune ne peut se vanter de nous préparer à la vie.

La vie se transmet et s' apprend par soi-même. Le scoutisme ne vous dicte pas ce qu'il faut faire , il vous montre ce que vous savez déjà mais que vous avez oublié dans la tourmente de la facilité et du confort.

Le con fort de nos classes, de nos bus scolaires, de nos lits, de nos espaces de vie, de nos magasins, de nos chaussures, de nos toilettes, de nos comptes bancaires,nous rend esclaves de notre nonchalance et de nos suffisances.

Nous mangeons à nos fins et jetons le reste dans des sacs de poubelle sans nous soucier du lendemain.

Tellement tout est à portée de main que l'on ne fait plus de provisions de peur de pénurie.

La ration alimentaire , le strict programme de sommeil , l'obligation de présenter un rapport de mission, le statut de chacun dans la troupe et son rôle, la nécessité de coordonner et de concerter,sont autant de valeurs que seule l'action répétée et délibérée procure.

L'exercice à tout moment et circonstance est l'occasion de commettre des erreurs, de comprendre et de rectifier le tir contrairement aux axiomes du "Si...alors..." qui répondent à des inductions et déductions de la logique.

Or tout n'est pas que logique et rationnel. Il y a plus profond :le sens et la raison.

On peut rire de bonheur comme d'hystérie. On peut pleurer de joie comme de chagrin. On peut parler de besoin ou d'intérêt, on se tait de choix ou de pression.

Tout ce que la logique a de logique est qu'elle n'a pas de sens univoque! On peut aimer jusqu'à la déchirure ou faire semblant. La logique dépend du sens que l'on donne aux mots et aux gestes.A chacun sa raison de vivre et souvent c'est là où tout est beau. Le scoutisme, comme d'ailleurs toutes les écoles de la vie en société nous apprend qui nous sommes pour de vrai.On ne naît pas leader, on le devient. On ne naît pas challenger, on le devient. .. On ne naît pas suiveur ,on le devient.

En jouant au soldat, au lieutenant ou au commandant, nous forgeons nos personnalités d'exécutants ou de meneurs de troupes.

Mieux encore, la signification du salut du scout est en soi une école :

Le pouce sur l'auriculaire montre la protection du plus faible par le plus fort;

Les trois doigts du milieu symbolisent la recherche du sens et du but de la vie,la responsabilité vis-à-vis des autres et une réflexion permanente sur soi-même.

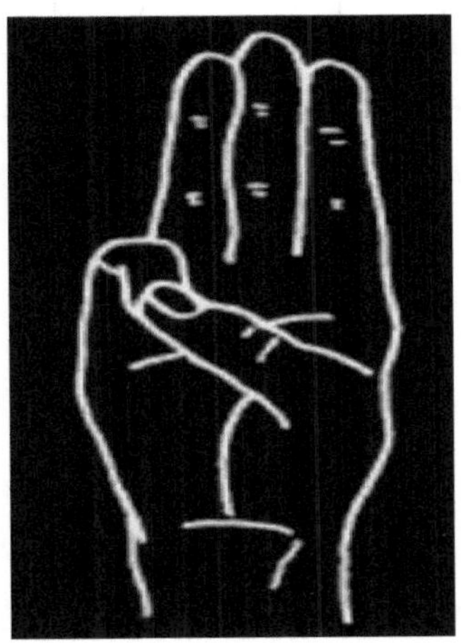

Tous les apprentissages basés sur une charte de bonne conduite et un engagement aboutissent à des résultats escomptés car l'adhésion et l'acceptation sont les piliers de la motivation et donc de l'action.Les programmes de formation, dans les écoles notées qui simulent l'école réelle, ont un grand impact sur les participants contrairement aux cycles dits normaux d'enseignement classique.

Allons siffler là-haut.

C'est dimanche, pas de sonnette et pas de cartable!

Nos villes, dans leur gigantisme , sont à vrai dire très petites. En témoigne la densité asphyxiante et anxiogène qui nous renvoie à l'amère réalité de l'l'étroitesse de nos cités.

L'évasion est la solution et il n'y a pas mieux que de prendre de la hauteur. Là-haut le monde est grand!

Là-haut, ce n'est pas que des arbres et rochers, des grottes et des arbustes, des oiseaux et des lièvres. Là-haut, c'est aussi "nous autrement ", c'est-à-dire tout le contraire de ce que nous croyons être dans nos villes. Là-haut, c'est de petits apprentis de la vie.

Dans nos villes, nous avons construit 'instruit nos barricades de paille:Nos maisons équipées de portes blindées, serrures et caméras de surveillance, nos polices, nos hôpitaux, pharmacies et officines,nos grandes surfaces de self service , nos CHR (cafés, hôtels, restaurants)...

Aujourd'hui'hui, notre jungle moderne à excelle dans l'art de la subordination et de l'assignation à résidence en inventant la pire des affilgeances: l'Internet.

J'ai en mémoire ce film cinématographique des années quatre-vingts du siècle dernier:Soleil vert. (Synopsis: En 2022, les hommes ont épuisé les ressources naturelles. Seul le soleil vert, sorte de pastille, parvient à nourrir une population miséreuse qui ne sait pas comment créer de tels aliments. Omniprésente et terriblement répressive, la police assure l'ordre. Date de sortie : 9 mai 1973).

J'ai comme l'impression d'être dans la même situation que ces hommes et ces femmes cloués à leurs lits de dernières secondes en vie face à cet écran où l'industrie du biscuit à base de la chaire humaine projette les images qui viennent du paradis des souhaits des euthanasié(e)s.

En accedant au monde à travers les gadgets de la connexion illimitée été plus en plus rapide nous nous enlisons dans l'oubli de l'essence de ce que nous sommes: des bipèdes!

Nous oublions de marcher, de courir ,d'escalader, de sauter. ..

Nous devenons des assiégés volontaires pour avoir accepter de nous connecter à cet ailleurs virtuel en nous déconnectant de notre monde réel.

Je ne suis pas de cette génération de "branchés " qui ont grandi les manettes à la main devant ces appareils de télé jeux, consonnes et plus tard de concours interactifs mondialisés (Playstation, Nintendo, Xbox, etc).

Je les ai vus à l'œuvre et je me souviens de leurs propos répétés à dessein : Ouf! il a failli m'avoir mais j'ai réussi à l'esquiver, j'en ai tué cinq et je me dirige droit vers leur chef..bientôt je serais le maitre de l'univers...

De l'action virtuelle! Quelle invention que celle de suer sans courir,de tuer sans tirer à balle réelle, d'esquiver rien qu'en cliquant sur un bouton,de devenir riche sans entreprendre. ..

Cette réalité virtuelle donne des frissons.Elle occupe l'espace et le temps le temps d'un faux semblant .

Personne n'est riche quand riche est éphémère et que cela est ponctuel . Pire encore, quand la facture est salée, le sentiment post-évasion est amère.

Cette jeunesse qui passe le claire de sa journée à se marmotter sous des couvertures dans les nuits artificielles des stores baissés cloués à leurs gadgets me font de la peine.

Celles et ceux ,parmi eux,qui tirent des revenus de leurs passions digitales ne jouent pas et ne me font pas pitié. Bien au contraire, je peux aller parfois jusqu'à les envier.

Quoique!

J'ai du mal à faire la différence entre un ouvrier dans l'extraction des mines qui passe des heures au fonds des grottes de gisements et ces jeunes des nuits artificielles.

Nos villes nous confinent. Nos enfants le sont plus parce que nous les avons confiés aveuglément aux dieux de la société moderne :les GAFAM.

Nos villes nous confinent parce que nous avons choisi de nous implanter, de résider et donc de nous confiner. Quand on s' asseoit, c'est naturel. Quand on marche c'est évident. On marche vers un but et on s' asseoit pour se reposer.Nous dormons parce que c'est humain mais nous ne dormons pour l'éternité que quand nous avons rendu l'âme.

Dans la campagne, tout est sa place. La nuit, les gens normaux dorment. Le jour,ils se réveillent.

Dans nos villes, tout est chamboulé ! les gens ne sont pas normaux dans nos villes. Je ne suis pas moi-même quand je suis en ville. Je le deviens sur les montagnes. Je ris normalement, dents normalement, crie normalement, pleure normalement.

Je parle normalement, écoute normalement, entends et m'entends normalement. Je me comprends à travers les arbres, les oiseaux,les fourmis, les lézards, et toute autre créature qui peuple les vrais espaces de vie.

C'est drôle, je retrouve toutes mes sensations ici sur la crête! Je siffle et ça retentit . Du premier essai, c'est parti comme une flèche. Moi qui croyais ou plutôt que la ville a convaincu que le siffler est perdu à jamais, me rends compte qu'il est toujours là comme au temps de mon enfance.

L'escalade, c'est tout le contraire de la sédentarité. Quand on attaque un terrain accidenté, on est tout sauf en veille. Nos ondes bêta sont activées et nous devenons en alerte. La montagne est l'école des gens de la plaine quand celle-ci est celle des citadins. Oser l'attaquer, c'est "shifter" l'école primaire pour espérer intégrer le collège de la montagne. Le bébé fait aisément les premiers pas dans le salons avant de s' essayer à l'escalade des fauteuils. Ceux-ci sont d'abord des appuis de réconfort avant d'être des objectifs à atteindre.

La nature, c'est ça :elle est disposée à tout faire pour nous servir. Mais elle a cette "manie" ingénieuse de nous mettre à l'épreuve avant de nous gratifier. Beaucoup pensent qu'elle est avare.Oui, elle l'est quand notre perception du don est décalée. Rendons ,encore une fois à l'évidence :ce bébé ne pouvait avoir toute la tendresse si bébé ne filait pas avec "mignonnerie désarmante ".La mignonnerie désarmante est cette arme fatale appelée "cuteness". Les bébés reçoivent notre attention parce qu'ils la provoquent en nous offrant ce qu'il y a de plus désarmant : le sourire puérile.

La nature est un don providentiel qui ne sourit qu'aux audacieux. D'aucuns l'appellent chance mais rares sont ceux qui ont compris que toutes les merveilles du monde n'émerveillent que celles et ceux qui savent les percevoir.

La technologie à chamboulé nos habitudes, nos attitudes,nos comportements, nos valeurs et pire encore nos croyances.

La réalité virtuelle a consolidé notre persuasion que nous dominons la chaîne et que toutes les créatures nous sont soumises. Notre suprématie perçue et non fondée nous installe dans nos zones de confort. Nos zones de confort sont entretenues par cette tendance hédoniste à tout avoir à portée de main.

Nos écrans nous enlisent dans notre sédentarité. Ils apportent tous nos désirs dans nos salons . Aujourd'hui il est difficile de partager nos sentiments d'émerveillement devant des paysages, avec nos enfants quand nous nous déplaçons en voiture.Tout le monde est a les yeux rivés sur dans les algorithmes .

Il est difficile de changer de logiciel d'appréhension de la vie réelle. Tellement la réalité virtuelle a occupé l'espace. Nos parents nous ont installés dans le confort de la société moderne parcequ'lis ont reçu ce besoin de sécurité des leurs. La société civilisée, c'est celle où l' hédonisme bat son plein. Ce confort est devenu une évidence et non une quête. Notre cerveau limbique a intégré l'évidence et nos mémoires s' y sont résolues. Le confort est tellement ancré qu'il est devenu un réflexe normal dans notre société moderne.

Ce confort s' appelle: "zéro effort, maximum de plaisir".

Même de nos jours, il est rare qu'un campagnard soit obèse! La règle, tout le monde est svelte en montagne. Les animaux sont musclés mais pas massifs. Les poissons peuplant les courants d'eaux sont combatifs tandis que ceux des étangs offrent moins de combat.

La sédentarité accouche de l'obésité. L'obésité n'est pas le seul mal de la société moderne. Il y a pire malheur:le stress.

Obésité et stress sont les deux facettes d'une même pièce appelée la modernité. Mais la modernité n'a pas accouché seule. Elle a dû avoir un conjoint. Le conjoint n'est autre que le père géniteur : le confort!

Quand on est malade, on consulte un docteur. Inutile de passer par un généraliste car les symptômes sont francs et nets. Le spécialiste indiqué est la montagne.

Notre sortie est donc prescrite. Allons siffler sur la montagne. Réapprenons à purger nos stress et à sculpter nos corps. L'automédication n'est pas ancrée dans nos conscients de citadins. Elle est même contrôlée car les médicaments sont ,sans exception et par essence, générateurs d'effets indésirables.

A la campagne, la nature à vulgarisé l'administration des antidépressifs auprès de ses "-

officines". La faune et la flaire sont les experts de l'offre régénératrice.

Synopsis

Le jour, nous nous activons et le soir nous dormons.Mais, la règle, n'est-elle pas inversée quand notre travail ou métier nous impose sa loi de travailler la nuit pour nous reposer le jour?!

Nos rythmes biologiques sont bouleversés par les exigences du travail dans nos usines, bureaux et administrations.

La récréation est choisie et c'est elle l'école de la vie réelle car le déclassement dans nos écoles dites notées ont compris qu'il fallait copier sur la nature.

Table des matières

Printed by Books on Demand GmbH, Norderstedt / Germany